LES COLONIES FRANÇAISES

SAINT-PIERRE ET MIQUELON

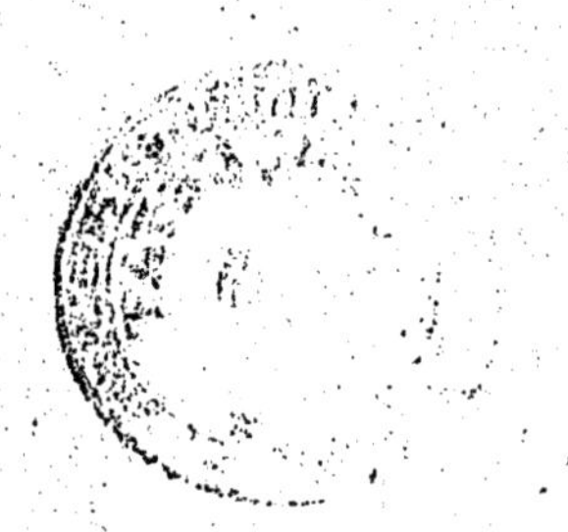

LES COLONIES FRANÇAISES

SAINT-PIERRE ET MIQUELON

PAR

M. MAURICE CAPERON

CHEF DU SERVICE JUDICIAIRE DES ILES SAINT-PIERRE ET MIQUELON
GOUVERNEUR INTÉRIMAIRE DES ILES SAINT-PIERRE ET MIQUELON

Dessins de MM. GASTON ROULLET et EUGÈNE LE MOUËL.
Vues d'après les photographies communiquées par M. le Docteur HOUILLON,
Médecin du Service de santé des Colonies.

Délégué du Ministère des Colonies à l'Exposition universelle de 1900 : M. CHARLES ROUX, ancien député.

Gouverneur des Iles Saint-Pierre et Miquelon : M. SAMARY, ancien député.

Commissaire des Iles Saint-Pierre et Miquelon à l'Exposition universelle de 1900 : M. GEORGES BEUST, Conseiller du commerce extérieur de la France.

Commissaire adjoint : M. EUGÈNE LE MOUËL.

PARIS
IMPRESSIONS D'ART
PIERREFORT
12, RUE BONAPARTE, 12

1900

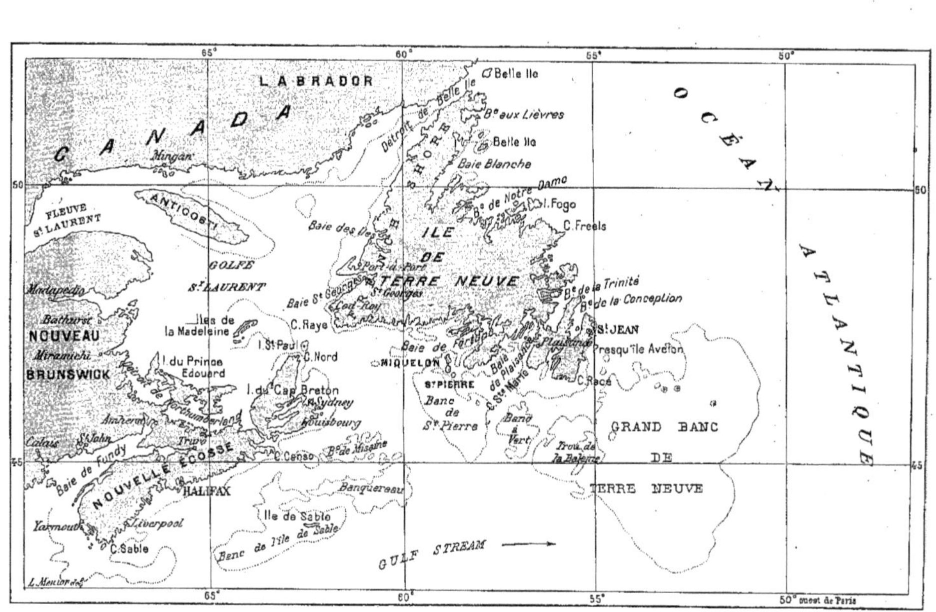

PARAGES DE TERRE-NEUVE

SAINT-PIERRE
ET
MIQUELON

LES GRÂVIERS
(Dessin de M. EUGÈNE LE MOUËL).

Description sommaire.

Les Iles Saint-Pierre et Miquelon sont situées dans l'océan Atlantique à 6 lieues environ de la côte Sud de l'île de Terre-Neuve, et à la distance approximative du port de Brest, de 3700 kilomètres.

L'île Saint-Pierre est, par 46°46′ de latitude Nord et 58°30′ de longitude Ouest. Sa forme est très irrégulière; haute, escarpée, depuis le Cap-à-l'Aigle jusqu'à la Pointe de Savoyard, elle s'infléchit au contraire vers la partie des terres que domine le phare de Galantry. Elle est longue de 7 kilomètres, large de 6 environ. Une série d'éminences, dont la plus haute est celle du Pain-de-Sucre, y limite de petits vallons, revêtus de mousses et de lichens, qui donnent à la flore de ce pays un facies jaunâtre et malingre. Par endroits, des massifs de sapins rachitiques sur la cime desquels on marche, représentent la végétation arborescente du pays. Au fond des ravins, se trouvent une douzaine d'étangs qui reflètent dans leur miroir d'acier ce paysage mélancolique.

L'île Miquelon, distante de Saint-Pierre par un détroit d'une lieue de largeur environ, improprement appelé la « Baie », a une étendue plus considérable. Sa plus grande longueur est de 36 kilomètres, sa plus grande largeur, de 24 kilomètres. Sa superficie égale 21 531 hectares.

Elle se compose de deux parties jadis séparées par une passe accessible aux navires, et qui est comblée par les sables depuis 1783. L'une de ces parties est la grande Miquelon, l'autre Langlade ou petite Miquelon. Ces deux parties jumelles sont reliées l'une à l'autre par un isthme long d'au moins trois lieues.

L'isthme est entièrement sablonneux dans son extrémité ; c'est la dune de Langlade, plage incomparable, mais où l'on heurte à chaque pas des épaves de navires à moitié ensablés. Ce « cimetière de navires » paraît perdre en partie sa lugubre réputation, par suite de l'érection d'un phare de premier ordre, en 1882, qui a eu pour but d'éclairer ce point noir, qui était la côte de Miquelon, détestée par les Compagnies d'assurances.

Rade de Saint-Pierre.

Dans toute la colonie, il n'y a que Saint-Pierre dont la rade puisse abriter les grands navires venant d'Europe ou d'Amérique. L'extrémité Nord-Ouest de l'Ile-Aux-Chiens, faisant face au Cap Rouge de l'île Saint-Pierre, est le commencement de la rade dans laquelle on pénètre par trois passes : la passe du Nord-Est, la passe du Sud-Est et la passe aux Flétans. La rade, longue de plus d'un mille, s'arrondit à son extrémité Sud, et prend fin à l'Ile-Aux-Moules. C'est entre cette île et la Pointe-Aux-Canons que commence le port de Saint-Pierre, dénommé par les habitants le *Barachois*.

Ce barachois est une espèce de cul-de-sac qui, protégé par une digue, sert de refuge aux 200 goélettes de pêche qui hivernent d'octobre en avril. Autour de cette anse, s'espacent les établissements de commerce (magasins, salines, etc.), lesquels sont séparés par des champs de pierres artificiellement disposées, appelés *Grâves*. C'est sur les grâves que les « grâviers », jeunes Bretons de 16 à 18 ans, font sécher la morue.

Ville de Saint-Pierre.

Elle est ramassée sur un étroit espace entre le littoral et la ligne des collines ou mornes qui la surplombent. On y compte — non compris la banlieue — environ 1 200 maisons, la plupart bâties en bois, précédées ou suivies d'un jardinet. Les édifices sont rares. L'église, le Palais de Justice, l'hôtel du Gouverneur, les Écoles communales sont à peu près les seuls qui méritent d'être signalés.

Saint-Pierre est avant tout une ville commerçante. Les magasins y sont nombreux, quelques-uns de belle apparence. En dehors du quartier commerçant, les cases habitées par les pêcheurs sont pauvres et dénuées de confortable.

Les rues sont larges, et leur largeur s'explique par la crainte des incendies. La ville a failli être brûlée trois fois. Elles sont non pavées, et non pourvues de trottoirs, en sorte que le sol s'y montre raboteux et bosselé, par endroits, d'aspérités rocheuses.

D'ailleurs, l'aspect de Saint-Pierre varie suivant qu'on l'envisage pendant la belle ou la mauvaise saison. En hiver, c'est un gros tas de neige ; celle-ci nivelle

L'ILE-AUX-CHIENS (D'après une photographie communiquée par M. le docteur HOUILLON).

tout sous une couche uniforme. Les amas de neige sont parfois si considérables que, pour se frayer un chemin, on est obligé de creuser des tranchées dans lesquelles on circule comme dans une ville assiégée.

Quand vient le printemps, la neige fond, et c'est pendant plusieurs jours un patouillis épouvantable. Puis la vie commerciale reprend. Les quais présentent une animation extraordinaire. C'est un échange continuel entre la mer et la terre.

Malgré l'état rudimentaire de la voirie, Saint-Pierre s'est donné le luxe des derniers perfectionnements modernes. Les rues sont éclairées à la lumière électrique et un réseau téléphonique entremêle ses fils au-dessus du toit des maisons.

Ajoutons enfin que des travaux importants de canalisation permettent à la ville d'être abondamment pourvue d'eau. Des bornes-fontaines sont placées à tous les carrefours.

L'Ile-Aux-Chiens.

Si cette île n'existait pas, il faudrait l'inventer, car elle est le complément de la rade de Saint-Pierre, dont elle assure la sécurité.

Sur cet îlot, vit une population de 500 âmes, entièrement adonnée à la pêche. Aussi, l'Ile-Aux-Chiens représente-t-elle exactement un campement de pêcheurs. En été, les embarcations sont tirées sur le rivage, les filets sèchent au soleil, et les femmes, en l'absence des maris, travaillent sur la grâve à préparer la morue.

LE PETIT PÊCHEUR
(Dessin de M. Eugène Le Mouël).

Miquelon.

Quand on aborde Miquelon par la baie de ce nom, on croit avoir affaire à une grosse bourgade. Dès qu'on atterrit, l'illusion tombe. Qu'on se représente une centaine de maisons faisant face à la mer, maisons basses, sans étage, toutes noircies par l'âge et les intempéries. C'est là tout Miquelon, et la désolation qui en ressort est telle qu'on plaint les pauvres gens condamnés à vivre sur ce coin de terre infortuné.

Cependant, au début de la colonisation, on s'était demandé si Miquelon ne devait pas être la capitale. Il y avait de bonnes raisons pour cela : une rade capable d'abriter toute une flotte, un territoire comportant 22 000 hectares cultivables dans certaines parties. Ces raisons n'ont pas prévalu. Saint-Pierre a absorbé toute la vie commerciale, et Miquelon s'éteint dans le plus triste abandon.

Pêche de la morue.

Officiellement, la pêche de la morue est censée s'ouvrir le 1er avril pour finir le 1er octobre, mais ces dates n'ont rien de sacramentel. Dès le mois de mars, les marins des ports de Bretagne et de Normandie s'apprêtent à s'embarquer pour Saint-Pierre-Miquelon. Leur nombre s'élève à 7 ou 8000.

Le départ des « **Terre-Neuvas** » est un événement qui a le port de Saint-Malo pour témoin. Tous ne bénéficient pas des vapeurs qui en transportent un tiers tout au plus. Le reste prend passage sur des voiliers qui, à cette époque de l'année, ont parfois des traversées fort pénibles, à cause de la rencontre des glaces. Le naufrage du *Vaillant*, en 1897, monté par 72 hommes, et allant se briser contre une banquise, est encore dans toutes les mémoires.

Le métier de pêcheur du Banc est un des plus rudes que l'on connaisse. Est-il rémunérateur? Oui, s'il fallait compter sans l'imprévoyance du marin. Beaucoup s'engagent, alléchés par les avances en argent qu'on leur paie au port d'embarquement. Ces avances, depuis quelques années, ont haussé notablement. Elles sont portées à 500 fr. pour un patron de doris, à 400 fr. pour un simple matelot. On la leur donne à valoir, sur ce qu'il gagneront pendant la campagne. En un mot, et sans entrer dans les détails, un pêcheur peut, avec une pêche ordinaire, se faire de 7 à 800 fr. Outre ses salaires, il est nourri par l'armement.

Soit qu'ils arrivent par les vapeurs, soit qu'ils arrivent par les voiliers, les marins métropolitains séjournent peu à Saint-Pierre. A peine débarqués, ils montent sur leurs goélettes respectives, au rôle desquels ils sont inscrits. Leur armateur les emploie à compléter l'armement. Aussi les voit-on passer dans les rues de Saint-Pierre, traînant un « baluchon » quelconque. Ils ont une démarche pesante, qu'alourdit encore de grosses bottes de cuir leur montant jusqu'à mi-cuisses. Ces bottes, ils les garderont pendant les six mois que dure la campagne. On peut dire qu'elle font partie de leur être physique.

A partir du 15 avril, les goélettes du port de Saint-Pierre, armées, équipées, pourvues du certificat de navigabilité, appareillent pour les lieux de pêche. Quels sont ces lieux de pêche? Trop souvent, à propos du bruit soulevé par la question des pêcheries de Terre-Neuve, on s'imagine que le *French-Shore* attire toutes les forces vives de l'industrie morutière. Il n'en est rien. La pêche sur le French-Shore est insignifiante, si on la compare à celle qui se pratique sur les Bancs, la seule qui met en mouvement tant d'hommes et tant de navires.

Les Bancs.

Les Bancs sont situés au Sud et au Sud-Est de l'île de Terre-Neuve. Ce sont d'immenses territoires sous-marins dont la formation a des causes sur lesquelles on n'est pas bien d'accord et sur lesquelles il serait trop long d'insister.

Le plus grand, nommé au reste *Grand-Banc de Terre-Neuve*, affecte la forme d'un triangle, dont les côtés ont environ 270 milles de long, soit 600 kilomètres. Sa superficie est à peu près celle de l'île de Terre-Neuve ou, pour être plus compréhensible, répond à celle de trois départements français.

Cet exhaussement sous-marin est recouvert de 60 à 100 mètres d'eau. Au-dessus, voltigent quantité d'oiseaux de mer, si bien que certains patrons de goélette, ignorants de faire le point, se fient à la présence de ces oiseaux pour « mouiller l'ancre ». Ils doivent être sur le banc.

A l'Ouest du Grand-Banc, il s'en trouve d'autres moins importants : le *Banc-à-Vert*, le *Banc-de-Saint-Pierre*, le *Banquereau*. Ce dernier est très choyé par les Français et les Américains, qui y font des pêches excessivement fructueuses. Le poisson est petit, mais très abondant, quand il donne.

Depuis longtemps, on invoque une question d'humanité pour empêcher les grands paquebots transatlantiques de prendre le Grand-Banc de Terre-Neuve en écharpe. En effet, des collisions se produisent souvent, à raison de la brume presque constante qui règne dans ces parages. Ces grands steamers, passant à toute vitesse au milieu des navires de pêche à l'ancre, peuvent être comparés à des projectiles lancés dans un jeu de quilles. Il serait à désirer qu'une convention internationale obligeât les paquebots transatlantiques à se détourner de leur route, pour éviter le Grand-Banc. Ça ne les retarderait pas de beaucoup et bien des vies humaines seraient épargnées.

UN TRANSATLANTIQUE SUR LE BANC
(Dessin de M. GASTON ROULLET).

Le French-Shore.

En 1713, le traité d'Utrecht, qui reconnut à l'Angleterre la propriété de l'île de Terre-Neuve, laissait à la France le droit exclusif de pêche sur une partie du littoral. C'est cette partie du littoral qui est dénommée *French-Shore*. Il faut croire que cette appellation déplaît aux Anglais, car ce n'est que tout récemment qu'ils mettent une certaine affectation à désigner la côte qui nous est dévolue : *Treaty Coast* (Côte des Traités).

Le texte des traités est si explicite qu'il ne semble pas qu'il y ait matière à contestation, encore qu'un homme d'État anglais ait pu dire que cette question des pêcheries était « Un sport d'erreurs historiques ». Le mal est venu de ce que, par la succession des années, les habitants de Terre-Neuve, gens prolifiques, ont fait souche, ont établi des villages sur la côte où nous avions le droit de pêcher, à l'abri de toute concurrence étrangère, et se sont mis à tendre des filets, là où nous devions être seuls. Cette tolérance devait être la source de conflits qui, sans être bien graves, se sont envenimés par suite du mauvais esprit des Terre-Neuviens. Soutenus par le Parlement de Saint-Jean, ils ont revendiqué le droit d'être maîtres chez eux, faisant abstraction des traités auxquels ils n'avaient pas été parties.

Il faut reconnaître que l'Angleterre, plus juste que sa colonie, a réagi contre cette méconnaissance de la foi due aux traités. Cependant, influencée par les doléances du Parlement de Saint-Jean, elle paraît envisager comme une éventualité désirable la cession de nos droits sur le French-Shore. La question est de savoir si elle y mettra le prix, car, quoi qu'on en dise, le French-Shore a son utilité, et n'est pas une valeur négligeable.

Il vaut à plusieurs points de vue; d'abord, bien que la pêche sur les Bancs attire tout notre effort maritime, il n'est pas vrai de dire que la morue s'est retirée définitivement, loin des côtes Ouest et Est de Terre-Neuve. Tant de causes peuvent influer sur les déplacements de la morue qu'il est téméraire de hasarder que ces côtes ne sont plus poissonneuses.

En second lieu, il y a la baie de Saint-Georges, vaste et magnifique baie où le hareng pullule au printemps. Que le bulot vienne à disparaître du Banc, que le Parlement de Saint-Jean applique avec rigueur les dispositions prohibitives du *Bait-Act*, la baie de Saint-Georges sera notre *Palladium* contre la malveillance terre-neuvienne.

Enfin, sans revenir sur la question, aujourd'hui oiseuse, de savoir si le homard

LES PÊCHEURS A TERRE (Dessin de M. GASTON ROULLET).

est un poisson ou un crustacé, il s'est établi le long du French-Shore quelques homarderies françaises, et il importe, pour la prospérité de ces industries nouvelles, que notre droit illimité, quant au genre de pêche, ne perde pas son caractère.

Les homarderies.

On compte sur la côte Ouest de Terre-Neuve 15 homarderies, entre les mains de sept concessionnaires français, contre 59 homarderies anglaises. On voit, par ces chiffres, que les Anglais n'ont pas eu à se plaindre du *modus vivendi* intervenu en 1881.

Aux termes de cet arrangement, ce sont les commandants des deux divisions navales, française et anglaise, qui, après entente, accordent les places où doivent s'élever les homarderies.

D'après une statistique de ces cinq dernières années, nos établissements de conserves auraient fourni en 1895, 2.202 caisses ; en 1896, 3.235 ; en 1897, 3.320 ; en 1898, 2.581, et en 1899, 2.329. Chaque caisse comprend 48 boîtes de homard et la boîte contient environ 500 grammes. Le homard mis en boîte se paie 5 centimes ; il entre dans chaque boîte un ou deux homards suivant la grosseur.

**

Division navale.

Chaque année, la Division navale, composée de deux croiseurs et d'un aviso-transport, sous le commandement en chef d'un capitaine de vaisseau, a pour mission de veiller à la sauvegarde des intérêts français sur le *French-Shore*. Le gouvernement anglais, de son côté, met en ligne cinq bâtiments de guerre, sous les ordres d'un commodore.

Ces deux Divisions navales évoluent dans les parages de Terre-Neuve et prennent contact à des dates indéterminées. Si des difficultés surviennent entre pêcheurs français et anglais, il y a un échange de notes entre les deux commandants qui règlent d'une façon pacifique ces petites querelles souvent aiguës, mais hors d'état de dégénérer en *casus belli*.

La petite pêche.

La petite pêche s'exerce autour des îles Saint-Pierre et Miquelon dans des canots à fond plat, dénommés *warys*. Ces embarcations non pontées se dirigent à la voile ou à l'aviron, suivant que le temps est plus ou moins maniable. On compte dans la colonie 453 warys que montent 1 050 hommes.

Le petit pêcheur a une position supérieure à celle du marin-banquier, en ce sens que, propriétaire de son wary et du gréement d'icelui, il exploite les fonds de pêche pour son propre compte. Il a un matelot, son « avant », à qui il abandonne le tiers de la pêche, gardant pour lui les deux autres tiers.

Le métier de ces deux hommes n'est pas une sinécure. Il faut qu'ils s'approvisionnent de boitte, qu'ils pêchent, qu'ils rapportent à terre la morue pêchée, qu'ils la tranchent, qu'ils la salent, et tous les jours, c'est à recommencer. A peine ont-ils le temps d'accorder quelques heures au sommeil.

Pour peu que la chance le favorise, le petit pêcheur, au bout de sa campagne, peut mettre de côté douze à quinze cents fr., net.

La morue.

La morue a établi sa demeure dans les parages de Terre-Neuve avec une telle vertu prolifique qu'il n'y a pas de place pour les autres poissons. Elle affectionne les Bancs, ces hauts plateaux sous-marins, où elle trouve une nourriture à son goût. Il est possible aussi que la température des eaux soit pour quelque chose dans son cantonnement. On a remarqué que sur les Bancs, la mer avait un abaissement de température de 10 à 15 degrés. Or la morue se plaît dans les fonds où le thermomètre-plongeur marque une température d'environ 5 degrés centigrades au-dessus de zéro.

Malgré les effroyables hécatombes dont chaque nouvelle campagne amène le retour, la morue ne diminue ni comme nombre, ni comme grosseur. Elle se sauve par sa prodigieuse fécondité. On a compté dans le ventre des femelles plus de neuf millions d'œufs. Dieu sait cependant si les moyens mis en œuvre pour la prendre se sont multipliés et même perfectionnés! L'emploi des doris a réalisé sur les anciennes chaloupes un progrès dont il convient de parler.

Les doris sont des embarcations légères à fond plat, tenant admirablement la mer. Elles s'encadrent les unes dans les autres, ce qui fait qu'on peut les charger sur le pont de la goélette de pêche, où la place est toujours à ménager. Dès qu'on amène les doris à la mer, deux hommes s'embarquent dans chaque doris, et vont à plusieurs milles de la goélette, tendre les lignes de fond. Ces lignes sont garnies de 2 mètres en 2 mètres d'avançons munis d'un hameçon. A l'hameçon pend l'appât, autrement dit la *boîtte*; et le fer de l'hameçon a beau dépasser l'appât, la morue n'y regarde pas de si près. Elle happe tout et reste accrochée, victime de sa gourmandise. Il n'est pas rare, dans une marée, de prendre 3000 morues sur 12000 hameçons boîttés.

LES MARINS EMBARQUANT DANS UN DORIS
(Dessin de M. Gaston Rodillet).

La boîtte.

Il serait superflu d'insister sur la voracité de la morue, mais ce que l'on sait moins, c'est le goût capricieux qu'elle montre pour certains appâts. Ces appâts, il faut les varier pour ainsi dire périodiquement.

En première pêche (d'avril à juin), c'est sur le hareng que la morue concentre son appétit. La boîtte de seconde pêche (juin à juillet), est le capelan, petit poisson blanc à dos noir, un peu plus grand qu'une sardine. La troisième pêche, qui s'étend de juillet à octobre, se fait avec l'encornet, mollusque genre pieuvre, dérivé des calmars et des seiches.

Rien de plus curieux que la pêche de l'encornet. Il se laisse prendre à la turlutte. Dès qu'il apparaît à la portée du pêcheur, il lance un jet noirâtre dont on a bien de la peine à éviter les éclaboussures corrosives.

La morue mord à ces différentes boîttes, mais elle est également friande de moules, de coques, et généralement de toute pâture fraîche et non salée. C'est ce qui explique le succès d'une boîtte, dont la nouveauté ne date que d'une dizaine d'années, le bulot, que les marins-banquiers, dans leur argot maritime, appellent aussi « cou-cou ».

Le Bait-Act.

Pour se rendre compte du service signalé qu'a rendu le bulot à la pêche française, il faut savoir qu'en 1886, le Parlement de Saint-Jean avait voté une loi qui défendait aux habitants de Terre-Neuve d'apporter aux Français toute boîtte nécessaire à la pêche de la morue. Le *Bait-Act* (c'était le nom de la mesure législative prise contre nous) avait pour but d'annihiler la pêche française en la rendant impossible. Pas de boîtte, pas de morue! Comment allions-nous parer le coup? Les poissons-boîtte fréquentent en quantités considérables les anses et les baies de Terre-Neuve. Nous étions tributaires de nos voisins, et du moment que ceux-ci nous dé niaient la fourniture de la boîtte, nous étions fort empêchés pour exploiter les fonds de pêche.

La nécessité rend inventif. Les Dieppois et les Fécampois, qui passent toute la campagne sur le Banc, eurent l'heureuse inspiration, faute de harengs, de boîtter leurs lignes avec un coquillage qui gît en abondance au fond de la mer.

Ils obtinrent des résultats fort avantageux. Leur exemple fut suivi, et depuis lors, ce mode de boîttage s'est tellement généralisé qu'il distance tous les autres. Quel appât pourrait rivaliser avec le bulot? En effet, on le trouve sur le Banc même, et on s'en sert immédiatement.

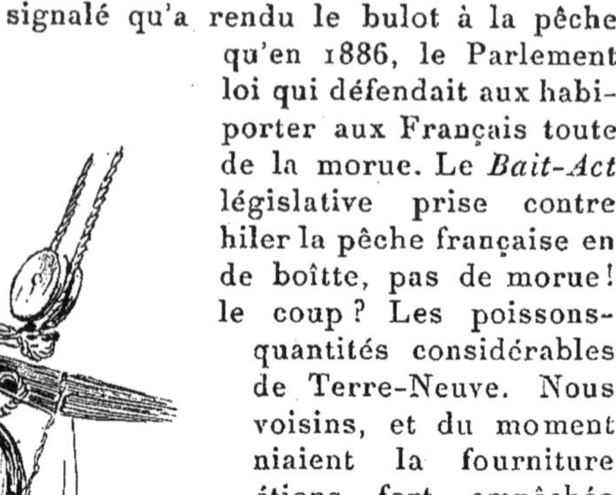

TURLUTTES,
ENCORNETS, ENGINS DE PÊCHE
(Dessin de M. Eugène Le Mouël).

Le bulot.

Le bulot est le buccin ondé, *Buccinum undatum* de Linné. C'est une grosse limace, ou, pour être plus exact, puisque nous sommes en matière maritime, un bigorneau de forte taille qui se reproduit avec une puissance prolifique incroyable. On ne le trouve pas sur tous les fonds, mais là où il se trouve, il pullule en quantités prodigieuses. Sous cette drague, on se demande s'il ne finira pas par disparaître. Des pêcheurs prétendent que, déjà, il diminue de grosseur, ce qui serait un signe de dégénérescence. Cependant, malgré les razzias dont il est l'objet, sa race n'a pas l'air de s'éteindre.

Comment le pêche-t-on? A l'aide de casiers amorcés tantôt avec de la viande de cheval, tantôt avec des têtes de morues. Ces casiers, plongés au fond de la mer, sont ramenés à la surface, au bout d'un certain temps, avec une provision de bulots. A coups de maillet, on défonce la coquille, on extrait l'animal et on fixe sa chair sur l'hameçon.

A raison de l'importance qu'a acquise le bulot, on a pensé qu'il serait utile aux pêcheurs de connaître les parties du Grand-Banc où on est plus sûr de le rencontrer. Des cartes, où sont notés les gisements du précieux mollusque, ont été dressées par les soins des officiers de la Marine militaire, mais ces cartes n'ont qu'une valeur relative. Qui le croirait ? Le bulot est migrateur, encore qu'il paraisse impropre à la locomotion. Là où il était en abondance telle année, on ne le retrouve plus l'année suivante. L'essentiel, c'est qu'il ne s'épuise pas, par suite de l'énorme consommation qu'on en fait.

Préparation de la morue.

Dès que les lignes sont levées, les doris rappliquent vers la goélette qui est au mouillage. En temps de brume, la goélette *corne* ou tire des coups de pierrier, car les doris peuvent s'égarer (on dit alors qu'ils sont en dérive).

A peine le doris a-t-il accosté la goélette, que les morues sont jetées sur le pont. Sans désemparer, on les ouvre, on rabat les deux ailes en écran, on met de côté le foie et les œufs (la rogue), pendant que l'on jette à la mer la tête et les entrailles. Le poisson lavé est ensuite placé dans la cale et mis dans le sel. Ainsi préparée, la morue s'appelle « morue au vert ».

La goélette Saint-Pierraise, qui est généralement d'un assez faible tonnage, ne peut rester sur le Banc au delà de trois semaines ou un mois. Il lui faut se ravitailler en boitte, sel et vivres. Quand donc le patron juge le moment opportun, il lève l'ancre et appareille pour Saint-Pierre. Arrivé dans ce port, il débarque la morue pêchée, fait ses provisions, et repart sur le Banc, où il accomplit une autre période de séjour.

La morue qu'il a déposée est alors transportée sur une habitation où elle subira diverses manipulations, à la suite desquelles elle deviendra morue sèche.

Le séchage de la morue implique une série d'opérations qui, sans être très compliquées, demandent une grande attention. La morue est d'abord lavée, puis débarrassée de son sel. Après quoi, on l'èxpose sur la grâve. Mais cette exposition demande un temps spécial. Il faut du soleil, un soleil pas trop ardent, tempéré pai une brise fraîche. Or, à Saint-Pierre, les beaux jours se comptent. Il y a des brumes persistantes, et il n'est pas toujours prudent d'aventurer la morue sur les grâves, où les variations de température peuvent la détériorer à ce point qu'elle serait « morue de rebut ».

A raison de ces contre-temps qui tiennent à l'état de l'atmosphère, un mode de séchage artificiel serait le bienvenu. On a pensé à l'emprunter aux Anglais. A Halifax notamment, le procédé Whitmann, basé sur le principe de chauffage à l'eau chaude dans les appartements, est assèz généralisé. Un armateur de la colonie, M. G. Beust, a introduit ce système et s'en est bien trouvé. Malgré cela, son exemple n'a pas été suivi, et on continue à avoir recours au séchage naturel, légué de père en fils.

Principaux marchés.

La morue de Terre-Neuve est, sans contredit, celle qui fournit à la consommation universelle la plus large part. Dans le Nord de la France jusqu'à Paris, la morue d'Islande a la suprématie, mais en Bretagne et dans le Midi, la morue de Terre-Neuve a toutes les préférences.

Les traités de commerce avec l'Espagne et l'Italie ont été très favorables aux expéditions de morues. Par Alicante d'un côté, Gènes et Livourne de l'autre, nous fournissons aux Espagnols et aux Italiens une denrée de conserve très appréciée, tant par sa bonne préparation que par le mode d'emballage, appropriés aux goûts de la clientèle.

Dans le Levant, c'est la morue de Terre-Neuve qui est la plus répandue.

A raison de leur proximité avec Saint-Pierre, les États-Unis présentent un marché tout trouvé. Il est vrai que les acheteurs américains ne veulent que de la morue de choix et indiquent les quantités dont ils ont besoin. La morue leur est expédiée en fûts, et réexportée sur les Antilles anglaises et les pays espagnols.

Les Antilles françaises, Guadeloupe et Martinique, sont un débouché important, la population créole de ces îles mangeant de la morue presque à chaque repas.. Depuis le tarif général des Douanes, il y a un droit prohibitif sur les morues provenant de l'étranger. La morue française a donc, seule, accès dans nos possessions des Antilles. Elle est expédiée en boucauts, et se compose toujours de petit poisson.

Les prix de la morue.

Une question intéressante qui s'élève au début de chaque campagne, est de savoir à quel prix se vendra la morue. Elle est souvent achetée avant d'avoir été pêchée. Les transactions entre vendeurs et acheteurs roulent sur des chargements entiers, et le cours se fait habituellement à Bordeaux, qui est le grand réceptacle des produits de pêche de Terre-Neuve.

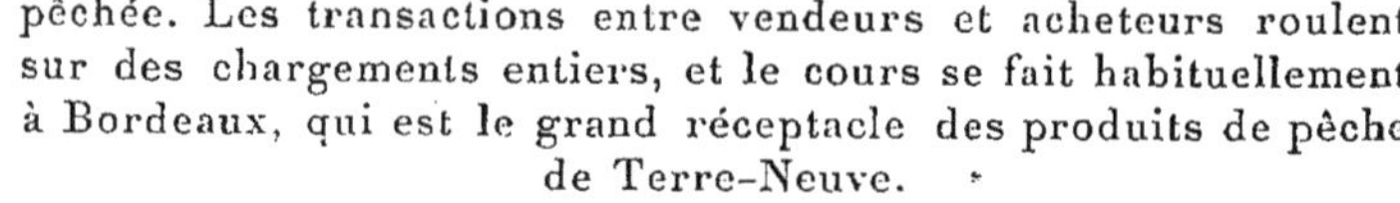

LE PESAGE DE LA MORUE
(Dessin de M. Eugène Le Mouël).

Les prix varient d'une année à l'autre. Ainsi pour ces trois dernières années, la morue a été payée entre 14 et 17 francs le quintal.

Qu'entend-on par quintal ? Il faut bien préciser : à Saint-Pierre-Miquelon, ce n'est pas le quintal métrique qui sert de type, mais le *demi-quintal*, dont le poids est de 55 kilogrammes pour la morue verte, et de 50 kilogrammes pour la morue sèche.

Les oscillations du prix de la morue tiennent à une infinité de causes. Ainsi, pour ne citer qu'un exemple, si l'hiver est rigoureux, les légumes étant tardifs, on mangera plus de morue. Au contraire, avec un hiver doux et humide, les productions de la terre arrivant sur le marché, la morue sera moins demandée, si bien que, lorsque la nouvelle campagne s'ouvrira, il y aura des stocks non écoulés, et les prix d'achat proposés seront moins élevés.

Il faut faire entrer en ligne de compte la spéculation. Les acheteurs de morues obéissent à des prévisions qui sont souvent déjouées, et leurs opérations sont extrêmement aléatoires. Ils ont bien vite fait de gagner ou de perdre 1 fr. ou 2 fr., par quintal, et comme l'opération peut se chiffrer par cent mille quintaux, on voit tout de suite le gain qu'ils peuvent réaliser, ou le *bouillon* auquel ils s'exposent.

A Saint-Pierre, les armateurs sont presque tous vendeurs de morues. On les appelle des « producteurs ». S'il y a des années où la morue s'est vendue 20 fr. le

LES CO[illegible]AISES

SAINT-PIER[illegible]MIQUELON

Au premier plan, [illegible]ssiers séchant la morue.
Derrière, le Barachois, la ville de Saint-P[illegible]-à-l'Aigle et l'Île-aux-Chiens, fermant la rade.

Diorama de [illegible]ROULLET,
Peintre des Dépa[illegible]arine et des Colonies.

quintal, il y a eu d'autres années où le prix n'a été que de 12 fr. Comme l'avenir d'une campagne dépend d'un prix plus ou moins rémunérateur, on saisira tout de suite l'intérêt de la question : Combien sera payée la morue ? Il n'y en a pas de plus palpitantes dans la colonie.

Primes d'encouragement.

L'industrie de la pêche à la morue est primée par le Gouvernement français et c'est une des causes qui explique pourquoi elle est florissante. Dix fr. de primes sont accordés par quintal de 50 kilogr., sur les morues sèches expédiées de Saint-Pierre à destination des colonies françaises ou des pays étrangers.

La morue verte, expédiée de Saint-Pierre sur un port de France, n'est pas primée, mais si elle est séchée en France et réexportée à l'étranger, il lui est alloué une prime de 8 fr. par quintal de 50 kilogr.

Indépendamment des primes sur les produits de pêche, il y a les primes d'armement. On alloue 50 fr., par homme d'équipage, quand le navire est armé avec sécherie, et 30 fr., par homme, quand le navire est armé avec salaison.

Ces allocations se justifient en ce sens que, n'ayant pas les avantages des Terre-Neuviens qui pêchent pour ainsi dire sur place, les armateurs français sont obligés de faire venir de la métropole des pêcheurs, dont les frais de déplacement sont élevés. En outre, on a toujours regardé la navigation en vue de la pêche à la morue comme propre à former des marins capables et pleins d'endurance. Il faut croire que ces arguments ont leur valeur, car depuis 1816, les lois sur les primes ont été constamment renouvelées.

La dernière, en date du 31 juillet 1890, expire le 30 janvier 1901, mais tout fait présumer qu'à l'égal de ses devancières, elle sera renouvelée pour une période de dix ans.

Autres industries.

Par l'exposé qu'on vient de lire, on voit qu'à Saint-Pierre et Miquelon, tout gravite autour de la pêche de la morue. Les industries maritimes sont donc les seules à peu près qui comptent. Les calfats, les charpentiers, les forgerons, les voiliers, les poulieurs, ne manquent pas d'ouvrage. Deux cales de radoub ou *patent-slip*, parfaitement agencées sont toujours prêtes à recevoir les bateaux qui ont subi des avaries. Une fonderie est en état de pourvoir aux nécessités pressantes. L'outillage est donc complet. Quatre remorqueurs à vapeur sont constamment occupés à entrer ou sortir les navires,

LE PATENT-SLIP
(Dessin de M. Eugène Le Mouël).

QUAI DE LA RONCIÈRE (D'après une photographie communiquée par M. le docteur HOUILLON).

Pour s'affranchir de l'asservissement étranger, on a fondé une biscuiterie, une fabrique de vêtements cirés pour marins, deux fabriques de doris et des tonnelleries fonctionnent en vue de pouvoir embouc anter la morue.

En dehors des industries maritimes, les autres professions industrielles, qui n'ont à satisfaire dans le pays que les besoins journaliers, ne sauraient acquérir un bien grand développement. On compte à Saint-Pierre : 2 imprimeries civiles ; 9 maîtres-menuisiers ; 2 maîtres-maçons ; 5 peintres en bâtiments ; 6 établissements de forgerons ; 6 ateliers de ferblanterie ; 5 cordonniers ; 5 horlogers ; 4 coiffeurs ; 11 teneurs de lavoirs ; 3 hôtels à voyageurs ; 18 teneurs de pension, 18 boulangers ; 10 bouchers ; 16 cafetiers.

Les métiers féminins n'ont guère d'avenir. Les objets d'habillement arrivent tout confectionnés. On a essayé de former des dentellières. La tentative n'a pas réussi.

La Vie Saint-Pierraise.

Saint-Pierre a le train de vie peu folâtre qu'on mène dans toute petite ville. Les gens sont cancaniers, et, en vérité, on ne saurait leur en faire un reproche. Enfermés dans une île où l'espace est forcément circonscrit, ils sont les uns sur les autres, comme à bord d'un bateau. Faute d'idées générales, les personnalités, les travers, les froissements, sont les sujets communs de la conversation, et, quand la médisance vient brocher sur le tout, les relations s'en ressentent, et il y a des brouilles dont la futilité des causes n'exclut pas la vivacité.

Pendant l'hiver, c'est le désœuvrement complet, mais qu'on ne croie pas pour cela que chacun se confine au coin de son feu. Il n'y a pas une petite ville de province où on soit plus noctambule qu'à Saint-Pierre. Malgré la neige, le verglas, on ne voit, le soir, que des gens emmitouflés et encapuchonnés, se rendant à quelque rendez-vous. A 10 heures, un tambour bat la retraite, mais ce n'est pas l'heure du couvre-feu ; il y a toujours des portes hospitalières qui s'ouvrent clandestinement, pour que la petite fête continue.

Si les plaisirs intellectuels sont rares, la vulgarité des distractions n'empêche pas que ces distractions ne soient fort courues. Les bals, par exemple, se succèdent dans toutes les classes de la société, depuis le bal par cotisations qui se donne à l'Hôtel Joinville, jusqu'aux bals plus modestes où l'on danse au son d'un violon ou d'un accordéon, en tapant du pied pour marquer la mesure. L'aube se lève qu'on danse encore.

Le patinage procure également un plaisir à bon marché. Comme les étangs, bien que glacés, sont recouverts de neige, on a eu l'idée de construire un bâtiment couvert, le Skating-Rink, où, moyennant un abonnement, les patineurs peuvent exercer leur virtuosité qui serait remarquée même au Palais de glace, à Paris.

Au carnaval, les deux bals parés et masqués du Rink sont la grande attraction de la saison.

Le printemps coïncide avec la reprise des affaires. Pendant le mois d'avril, une activité fiévreuse saisit tout le monde, puis, quand les navires de pêche sont expédiés sur les Bancs, on songe à utiliser ses loisirs. Une route traverse l'île, celle qui conduit à la pointe extrême de Savoyard, bordée de maisons de campagne. On s'y rend, qui à pied, qui en voiture, qui en bicyclette. Des pique-nique sont organisés dans la montagne, où, à défaut d'ombrage, on peut s'étendre sur le versant moussu des collines. Si mieux on aime, au mois d'août, par exemple, se livrer à la cueillette des myrtilles (pommes des prés et bleuets) portés sur des plantes vasculaires : *Kalmia, Myrtillus, Juncus, Carex, Rubus, Chamæmorus*, on peut glisser la main sous les feuilles de ces arbustes nains sans crainte d'être mordu par un reptile quelconque. Dans toute l'île on ne rencontrerait pas un animal nuisible.

Il n'y a pas de fêtes patronales. Cependant les processions de la Fête-Dieu, les réjouissances du 14 juillet, les régates du mois d'août attirent un grand concours de personnes qui ne deman dent qu'à se distraire et à arborer les modes nouvelles.

Il y aurait long à dire sur le chapitre des toi lettes. A Saint-Pierre, la coquet terie est le défaut dominant chez les femmes, comme chez les hommes le besoin d'aller au café. Il n'y a pas de colonie où les catalogues des grands magasins de Paris, expédiés par ballots, ne soient lus avec plus de ferveur. Le voisinage de l'Amérique où, dit-on, un immense ma gasin de confections ha bille les Yankee des deux sexes, a influé sur la ma nière de se vêtir des Saint-Pierrais. Autant le pê cheur mé-tropolitain qu'on voit apparaître au printemps est minable dans son bourgeron bleu tout rapiécé, autant le pê cheur Saint-Pierrais se donne des airs de mirli flore, avec un « complet » tout battant neuf. Les femmes, elles aussi, n'ont pas échappé à la banalité de la confection. Les servantes délaissent le bonnet de paysanne pour le chapeau à plumes, les épaules rabattues par des palatines en fourrure qui les engoncent affreusement. Ce goût immodéré pour le « new-fashion » est tellement général, que pour se distinguer du commun, les dames du *high life* ont adopté le port de la voilette. Par un usage tacitement respecté, la voilette est le signe distinctif du rang social et de la *respectability*.

PHARE DE GALANTRY

(D'après une photographie communiquée par M. le Docteur Houillon).

Il faut croire que la vie Saint-Pierraise, si monotone qu'elle puisse paraître, a son charme, car ceux qui sont nés dans le pays ne peuvent s'en détacher. S'il le quittent momentanément, un désir invincible les pousse à revenir, et quand au retour d'un voyage, ils aperçoivent le phare de Galantry, ils éprouvent la joie des Hébreux à la vue de la Terre Promise.

La chasse.

On compte presque autant de chasseurs que d'habitants. En hiver, le marin-pêcheur va chercher son déjeuner sur la vague. Les caps sont couverts d'oiseaux de mer, de palmipèdes marins, parmi lesquels il faut citer toutes les variétés de canards sauvages dont les principales sont les moyacs, les cacaouites, les bacayères, les bec-scies, etc... Quand une pièce tombe à l'eau, le terre-neuve bondit, plonge et va la chercher. Si l'on pêche en embarcation, on pose des *statues* (simulâcres en bois grossièrement façonnés), pour attirer le gibier, qui s'y laisse prendre, et, quand il est massé, on tire dans le tas. Le tireur revient souvent avec des trophées qui démontrent qu'il n'a pas brûlé inutilement sa poudre.

La chasse du gibier de mer est permise en tout temps. Il n'en est pas de même de celle de la perdrix. Ce volatile hiverne dans les fourrés de Langlade et de Miquelon. Il est connu sous le nom de « Lagopède », et présente cette particularité qu'il est blanc en hiver et gris en été. Un peu plus fort que la perdrix de France, le lagopède a une chair très délicate. Il se rassemble par compagnies et ne se lève que débusqué par le chien.

Le lapin de provenance de Terre-Neuve, quoique acclimaté dans la colonie seulement depuis une vingtaine d'années, s'est multiplié dans d'étonnantes proportions. Il se rapproche beaucoup du lièvre. Il ne terre pas, et quoiqu'il constitue un excellent manger, cependant en hiver comme il ne se nourrit que de pousses de sapin, il s'imprègne de l'odeur particulière à cet arbuste.

Outre la perdrix et le lapin qui sont le principal objectif du chasseur Saint-Pierrais, il y a encore la bécassine qu'on trouve sur les étangs. D'autres échassiers et palmipèdes fréquentent aussi les marais. Dans les plaines, on chasse le courlieu, le pluvier, les ortolans ; le long des dunes, les maubèches, les bécasseaux, les hirondelles de mer; dans les bois, les merles, et par surprise les renards qui ont des fourrures magnifiques.

Enfin, on peut chasser le phoque sur les plages du Grand-Barachois de Langlade qui découvrent à mer basse. Ces animaux vont par bandes, mais telle est leur prudence qu'il est difficile de les surprendre, et les chasseurs, qui traînent derrière eux toute une artillerie, assistent à une débandade et à des plongeons, sans pouvoir mettre à profit leur appareil de guerre

La pêche.

Les pêcheurs à la ligne qui vont *taquiner* la truite sont fort nombreux, et leur ambition s'explique par le nombre des étangs sur lesquels peuvent s'étendre leurs gaules. Les eaux intérieures des deux îles sont évaluées à 1 200 hectares, mais elles n'offrent d'habitat qu'à trois types de poissons : l'éperlan, l'anguille, et la truite.

De ces trois types de poissons, la truite est seule recherchée, et elle mérite de l'être. Généralement saumonée, elle atteint des dimensions et un poids qui nécessitent qu'on use avec elle du tourniquet pour la noyer, sans quoi elle casserait la ligne. Il n'est pas rare dans une journée de revenir avec vingt livres de truites dans son panier. On pêche au ver de terre ou encore à la mouche artificielle. Un contretemps fâcheux, quand on va à la pêche, c'est la nuée de moustiques dont on est assailli, s'il fait calme. La piqûre de ces moustiques est tellement douloureuse, qu'il faudrait un courage surhumain pour ne pas plier bagage. Le moustique est la plaie de la campagne Terre-Neuvienne, qui abonde en tourbières.

Du côté de la mer, les fervents de la pêche n'ont pas beaucoup le choix. C'est toujours la morue que l'on tire hors de l'eau, et on en a vite assez. A mer basse, on peut récolter des bigorneaux dits vignots et des oursins, mais la variété des coquillages est fort pauvre. Il n'y a réellement d'abondants que les homards qu'on trouve dans le creux des rochers. On a beau les draguer aux mêmes endroits, le lendemain il y a toujours un remplaçant. La langouste est inconnue ; seul, le homard représente le genre crustacé. Sa valeur comestible laisse à désirer.

Mentionnons encore la moule qui, dans les étangs marins de Miquelon, se trouve en quantité considérable. Elle sert peu à l'alimentation. Les petits pêcheurs l'emploient comme boitte. Il serait à désirer que la culture artificielle de la moule vînt ajouter un élément de richesse de plus dans la colonie. Si les étangs de Saint-Pierre recélaient la moule, quel avantage pour les petits pêcheurs souvent à court de boitte et obligés d'aller la chercher fort loin !

Climat.

Nous n'étonnerons personne en disant que les Iles Saint-Pierre et Miquelon ont un climat froid.

L'hiver est très long plutôt que rigoureux. Les basses températures varient en général entre : — 14° et 16°. — En revanche, les étés manquent de chaleur et les maxima absolus dépassent rarement + 22°. Au surplus, pour s'en tenir à un détail typique, les poêles s'allument en octobre, pour ne s'éteindre qu'en juin.

EFFET DE NEIGE
(Dessin de M. Gaston Roullet).

Les premières neiges font leur apparition en novembre, mais ce n'est qu'en janvier qu'elles s'établissent d'une façon permanente, pour ne disparaître complètement qu'en avril. Parlerons-nous des journées de poudrin ? Elles sont rares, heureusement. On appelle poudrin une neige tamisée, impalpable, roulée en tourbillon par le vent. Elle pénètre par les moindres issues dans l'intérieur des maisons. Elle vous met au défi de sortir.

Les brumes ne sont fréquentes qu'en été. Elles durent quelquefois une semaine et même plus, sans discontinuer. Dès que les volutes de brume se déroulent au-dessus de Saint-Pierre, immédiatement la sirène à vapeur entre en mouvement. Un cri de taureau qu'on égorge se répète toutes les deux minutes, pendant six secondes.

Rien n'est plus changeant que le temps à Terre-Neuve. On a remarqué maintes fois que, dans la même journée, les vents font le tour du compas. Les personnes qui ont les bronches sensibles s'accommodent mal de ces brusques variations de température. Tel qui a été sans pardessus, le matin, est obligé de le remettre dans l'après-midi. On ne sait jamais s'il faut se couvrir ou se découvrir.

Les orages sont rares. A peine en compte-t-on un ou deux par an.

Population.

La population des Iles de Saint-Pierre et Miquelon s'élève à 6 352 habitants, ainsi décomposée : 5 239 à Saint-Pierre, 594 à l'Ile-Aux-Chiens, et 519 à Miquelon.

Sur ces 6 352 habitants on compte 1 050 étrangers. Presque tous appartiennent à la nationalité anglaise et sont nés à Terre-Neuve.

La population flottante se compose des fonctionnaires et de leurs familles, ainsi que d'un certain nombre d'hivernants (300 environ). Ces hivernants sont des marins nés en France, y ayant conservé leur domicile, et qui obtiennent l'autorisation de passer l'hiver dans la colonie pour ne pas être obligés de revenir au printemps, ce qui leur évite la dépense d'un double voyage d'aller et retour. La plupart se placent comme domestiques ou comme ouvriers.

Assistance publique.

La population sédentaire qui se compose en grande partie de pêcheurs est pauvre. Comme on l'a remarqué dans les pays ichthiophages, la natalité est vivace. Il n'est pas rare dans une famille de compter cinq ou six enfants, et quand la mer, cette grande mangeuse d'hommes, fait des veuves, il est tout naturel que l'Assistance publique concoure à atténuer, dans la mesure du possible, les misères causées par la privation du chef de famille.

Sous ce rapport, la colonie ne faillit pas à ses devoirs. Un ouvroir a été fondé qui garde et entretient les orphelines pauvres jusqu'à l'âge de 18 ans. Sur les fonds du budget local, une mensualité de 15 fr. est payée aux familles qui se chargent d'un orphelin. Le bureau de bienfaisance de Saint-Pierre a un budget qui se chiffre annuellement par 12 000 fr. Le Gouverneur a 1 500 fr. à sa disposition, pour venir en aide aux infortunes cachées. Bref, on peut estimer à 50 000 fr. les charges qui incombent à l'Assistance publique, rien que pour Saint-Pierre.

A côté du rôle que s'attribue l'Administration, il y a l'initiative privée. Si les caisses de retraite pour ouvriers n'existent pas, des sociétés de secours mutuels se sont organisées en vue de secourir ceux que la maladie a interrompus dans leur travail. On compte trois Sociétés de bienfaisance : la Société de secours aux marins, la Société de secours mutuels et celle du Sou quotidien, ces deux dernières spécialement pour les ouvriers d'état.

Enfin, il nous faut parler d'une institution spéciale aux Iles Saint-Pierre et Miquelon, qui a rendu de grands services lors de la reprise de possession, qui dure encore et qui se maintient, malgré les critiques dont elle est l'objet. Je veux parler du livret. Comment faire vivre le marin-pêcheur qui reste inoccupé pendant six mois de l'hiver, qui a une famille dont les besoins sont pressants? La législation locale lui reconnaît le droit d'aliéner sa pêche future à un fournisseur principal, chargé de l'entretenir, lui et sa famille, pour tout ce qui est objet de première nécessité. En revanche, ce fournisseur principal, pour rentrer dans ses avances, a un privilège sur la morue pêchée. Les marchandises fournies sont

LA POINTE-AUX-CANONS (D'après une photographie communiquée par M. le Docteur HORILLON).

consignées sur un livret, sorte de petit carnet visé par le juge de paix, et qui doit rester entre les mains du pêcheur. A la Saint-Michel (29 septembre), le livret est liquidé c'est-à-dire qu'on défalque sur le montant des fournitures le prix de la morue pêchée.

Soins médicaux.

L'archipel Saint-Pierrais est salubre. Il n'y a pas de maladies spéciales au pays. On y vit même plus longtemps qu'en France. Cependant il y a une telle agglomération d'hommes pendant la saison de pêche, que le service médical n'est pas toujours numériquement en état de répondre à toutes les éventualités.

On compte cinq médecins, trois qui appartiennent au corps de santé colonial, deux au titre civil.

L'hôpital, qui compte 70 lits, avec salle de désinfection, étuve à vapeur, amphithéâtre, etc., reçoit les gens de mer embarqués sur les navires de commerce, grâviers et pêcheurs employés pour le compte d'un armement, les ouvriers et les pêcheurs hivernants, les indigents, les marins étrangers.

Contre les épidémies du dehors, un lazaret est établi à l'Ile-Aux-Vainqueurs.

LE REMORQUEUR (Dessin de M. Gaston Roullet).

En cas d'épidémies en ville, telles que la diphtérie, la variole, la fièvre typhoïde, un sanatorium accueille les sujets qui doivent être isolés.

Ce sont les sœurs de Saint-Joseph de Cluny qui, avec cinq infirmiers, assurent le service médical hospitalier, sous la direction d'un médecin colonial de 1re classe, chef du service de Santé.

En ville, 4 pharmaciens, 3 sages-femmes pourvoient, en ce qui concerne leur partie, aux besoins de la population.

L'Œuvre de mer.

Cette Société, qui ne date que de trois ans, a comblé une lacune qui se faisait vivement sentir, contrairement à ce qui se passe depuis longtemps en Angleterre. Deux navires-hôpitaux ont été créés, un pour l'Islande, l'autre pour Terre-Neuve. Le *Saint-Pierre* (tel est le nom du navire affecté à la pêche de Terre-Neuve), se rend sur le Grand-Banc, recueille à son bord les malades et les blessés, et les amène au chef-lieu de la colonie, où ils sont transportés à l'hôpital. S'ils guérissent, le *Saint-Pierre* les rapporte à leur goélette de pêche.

En outre, l'Œuvre de mer a installé en ville une maison de famille, où les marins-banquiers, pendant les escales, aiment à se réunir. Ils trouvent du papier pour écrire à leur famille, et un timbre d'affranchissement, qui leur est octroyé gratis, encourage leur verve épistolière. Des jeux et des livres mis à leur disposition, ainsi que des soirées où on tire des tombolas, sont des tentatives louables pour les détourner du chemin, malheureusement trop connu, qui mène au cabaret.

Les Cultes.

Le clergé de Saint-Pierre et Miquelon se compose d'un Supérieur ecclésiastique, en même temps curé de Saint-Pierre, et de quatre prêtres, les uns vicaires, les autres desservants des petites communes. La population est entièrement catholique. On compte à peine deux cents protestants, tous d'origine anglaise, qui entretiennent à leurs frais une petite chapelle dirigée par un pasteur, lequel ne reçoit aucune subvention.

Organisation administrative.

L'administration du pays est confiée à un Gouverneur, qui réside à Saint-Pierre. Représentant de l'autorité métropolitaine, ce gouverneur a l'entière responsabilité de la bonne marche des services.

Il est assisté d'un Conseil privé qui se compose de deux chefs d'Administration : le

PLACE DU GOUVERNEMENT (D'après une photographie de M. le Docteur Houillon).

Chef du Service administratif et le Chef du Service judiciaire, et d'un habitant notable nommé par décret pour deux ans. Ces Conseillers donnent leur avis dans les affaires qui leur sont soumises.

Le Conseil privé se transforme en Conseil d'Administration, toutes les fois qu'une question peut engager les finances de la Colonie. Il s'adjoint alors deux membres en plus : le Maire de Saint-Pierre et le Président de la Chambre de Commerce. Ces cinq membres délibèrent sous la présidence du Gouverneur qui garde toujours, vis-à-vis de ses conseillers, une autorité souveraine.

Le vote du budget est l'affaire qui motive l'examen le plus sérieux du Conseil d'Administration. Ce budget s'élève annuellement à environ cinq cent mille francs. Ce sont les droits de douane, évalués à 350 000 fr., qui forment la majeure partie des recettes. En regard, les autres impôts sont insignifiants.

Il y a un Conseil du Contentieux administratif qui a les mêmes attributions que les Conseils de Préfecture, en France. Cette assemblée se compose des membres du Conseil privé, auxquels vient s'adjoindre, en plus, un magistrat qui est nommé rapporteur. Un officier du Commissariat colonial remplit les fonctions de ministère public.

Le Gouverneur est secondé dans ses fonctions administratives par un fonctionnaire appelé : Chef du Service de l'Intérieur, à qui il peut déléguer certaines de ses attributions, relatives, par exemple, à l'ordonnancement des dépenses du service local. Ce Chef du Service de l'Intérieur concourt à l'administration générale, ainsi que le Trésorier-payeur et le médecin, Chef du Service de Santé, qui peuvent être appelés en Conseil, pour les affaires ressortissant à leurs services.

A raison des armements, l'inscription maritime revêt une importance qu'elle n'a pas dans d'autres colonies. Le Tribunal maritime commercial qui juge les délits maritimes est composé du commissaire de l'Inscription Maritime, président, d'un armateur désigné par le Tribunal de Commerce, du Capitaine de Port, d'un capitaine au long-cours et d'un maître au cabotage. Un commissaire adjoint colonial, chef du service administratif, a la haute main sur le personnel placé sous ses ordres. Il a particulièrement comme charge celle de faire respecter le budget de l'État.

Mentionnons enfin, la Chambre de Commerce qui a pour mission de renseigner le Gouvernement sur les intérêts industriels et commerciaux de la Colonie. Cette Chambre, composée de onze membres, tous élus par leurs pairs, nomme chaque année son président, qui peut correspondre directement avec le Ministre. Elle se réunit dans une salle spéciale et dresse procès-verbal de ses délibérations. Par arrêté du 25 janvier 1899, la Chambre de Commerce des Iles Saint-Pierre et Miquelon a été reconnue d'utilité publique.

FEMME SUR LA GRÂVE
(Dessin de M. Eugène Le Mouël).

Organisation municipale.

La colonie est divisée en trois communes : Saint-Pierre, Miquelon et l'Ile-Aux-Chiens. La municipalité de Saint-Pierre se compose d'un maire, de deux adjoints et d'un conseil municipal de 19 membres. Les municipalités de Miquelon et de l'Ile-Aux-Chiens se composent chacune d'un maire et d'un conseil municipal de 15 membres.

Le budget de la commune de Saint-Pierre s'élève à une centaine de mille fr., tant en recettes qu'en dépenses. Quant aux deux autres petites communes, elles n'ont pas de ressources propres. Aussi pour les faire subsister, leur donne-t-on une part sur l'octroi de mer, de quoi subvenir à leurs dépenses obligatoires. Ces dépenses obligatoires montent à une dizaine de mille fr., et il faut avouer que les deux petites communes, parasites du chef-lieu, coûtent fort cher. La symétrie administrative avant tout !

Organisation judiciaire.

Elle est modelée sur celle de France, toutefois avec un personnel réduit. C'est ainsi que le Tribunal de 1re Instance est composé d'un juge unique. A la juridiction supérieure, appelée : Conseil d'Appel, le président est un magistrat de carrière. Il est assisté de deux juges, pris parmi les fonctionnaires de la Colonie, à la désignation du Gouverneur. Le Parquet est tenu par un procureur de la République, qui est le Chef du Service Judiciaire. Un greffier et un commis-greffier exercent les fonctions qui leur sont habituelles.

Quand une cause criminelle se présente, le Conseil d'Appel se constitue en tribunal criminel. L'institution du jury ne pouvant fonctionner, à cause de la faiblesse numérique de la population, quatre habitants notables désignés par le sort, sur une liste de quarante noms, siègent avec les membres habituels du Conseil d'Appel, et statuent sur la culpabilité de l'accusé.

Il n'y a pas de tribunal de commerce ; c'est le tribunal civil qui juge commercialement.

Les parties peuvent expliquer elles-mêmes leurs affaires ; cependant, au cas où elles voudraient se faire représenter en justice, il leur est loisible de demander le concours de mandataires autorisés. Ces mandataires se nomment agréés. Actuellement, il y a trois agréés, pourvus du diplôme de licencié en droit, qui conseillent les parties, font la procédure et plaident devant les tribunaux.

Le Timbre et l'Enregistrement n'existent pas dans la Colonie, et si l'on ajoute que la procédure est sommaire, on met en évidence cette constatation que la justice se rend à peu de frais. Aussi plaide-t-on à Saint-Pierre pour un oui ou pour un non. L'origine normande de la majeure partie de la population est bien pour quelque chose aussi dans l'excès des litiges qui assiègent le prétoire local.

Il n'y a qu'un seul notaire, qui réside au chef-lieu.

Instruction publique.

Huit cent quatre-vingt-six enfants des deux sexes fréquentent les écoles communales. L'enseignement primaire est le seul qui soit donné. Un établissement tenu par les Pères du Saint-Esprit, puis un collège colonial dirigé par des instituteurs laïques ont essayé d'introduire un enseignement d'un degré supérieur pour les garçons. Ces diverses tentatives ont échoué. Les parents qui veulent que leurs fils accomplissent leurs études sont obligés de les envoyer en France.

Computation monétaire.

Il semblerait que dans un pays français, sans mélange de races exotiques, la monnaie nationale devrait être la seule en circulation. Cependant elle se trouve en telle concurrence avec des monnaies étrangères que, dans les relations journalières, elle est presque éclipsée. C'est une surprise, pour qui débarque aux Iles

Saint-Pierre et Miquelon, de constater la diversité des monnaies ayant cours : monnaies d'or et d'argent anglaise, américaine, mexicaine, banknotes, doublons, demi-doublons, quart de doublons, etc. Sans doute, à cause des transactions opérées avec les étrangers qui viennent nous visiter, il faut des espèces métalliques dont ils puissent se servir, et pour attirer cet argent étranger, il convient de lui donner un léger exhaussement. Mais ce que l'on comprend moins, c'est l'invasion invétérée des doublons or espagnols. Cette monnaie surannée, après avoir valu 86 fr. 40, puis 84 fr., est tombée en 1899 à 82 fr. Elle ne s'en va pas pour cela, et telle est son abondance dans les caisses publiques qui la reçoivent pour certains paiements déterminés, que les fonctionnaires touchent leur solde moitié en numéraire national et moitié en argent étranger.

SAINT-PIERRE VU DES HAUTEURS.
(D'après une photographie communiquée par M. le Docteur Homllon).

La monnaie habituelle d'échange est le dollar argent, avec ses pièces divisionnaires. Elle est acceptée à un taux supérieur à celui qu'elle a aux États-Unis. On a donc intérêt à la faire venir. L'usage s'est généralisé à Saint-Pierre de compter par dollars, ce qui contribue à surenchérir les frais de l'existence. Ainsi, un objet qui vaut 2 fr. est coté un demi-dollar, soit 2 fr. 70.

Un établissement de crédit, la Banque des Iles Saint-Pierre et Miquelon, au capital de 500 000 fr., facilite les remises qu'on peut avoir à faire sur France et sur les pays étrangers.

Un trésorier-payeur, en même temps receveur municipal, représente le Trésor public.

Moyens de communication.

La correspondance. — Les courriers expédiés de Paris, le vendredi de chaque semaine, par voie du Havre, sont attendus à New-York dix jours après, dirigés sur Halifax ou Sydney (Cap-Breton), et sont apportés à Saint-Pierre par le steamer postal *Pro-Patria*, appartenant à une compagnie Saint-Pierraise. Ce steamer, après une station de soixante heures à Saint-Pierre, repart pour Sydney et Halifax, avec le courrier pour l'Europe et le continent américain.

Ce trajet s'effectue de quinze jours en quinze jours.

Les passagers. — Les passagers venant d'Europe suivent le même itinéraire que le courrier postal. Ils s'embarquent au Havre, débarquent à New-York, prennent le chemin de fer, la ligne *Boston and Maine railroad* (durée du trajet : 32 heures d'affilée), et arrivent à Halifax, où ils montent sur le *Pro-Patria* qui les conduit à Saint-Pierre. De Halifax à Saint-Pierre, la traversée est de 36 heures. Quand le steamer part de Sydney (saison d'été), la traversée n'est que de 16 heures. Le steamer *Pro-Patria* est aménagé pour 40 passagers de 1re classe, et a une vitesse de 12 nœuds.

Il eût été à désirer, pour la commodité des passagers, qu'une ligne de bateaux à vapeur aboutît directement à Saint-Pierre. Malheureusement, l'expérience tentée à différentes reprises, par plusieurs compagnies, a démontré qu'une escale à Saint-Pierre, sur la route du Canada, ne donnait pas assez de profits.

Indépendamment des lignes de paquebots transatlantiques, il y a des voiliers qui peuvent amener des passagers. Le prix du passage varie entre 60 et 80 fr.

Prix du fret. — Le prix du fret pour marchandises de France adressées à Saint-Pierre et Miquelon est d'environ 30 à 35 fr. par tonneau.

Colis postaux. — Depuis 1895, les colis postaux peuvent être échangés entre la métropole et Saint-Pierre et Miquelon.

Poids : 5 kilog.

Dimension : Les colis postaux ne peuvent avoir une dimension supérieure à 60 centimètres. Leur volume est en outre limité à 20 décimètres cubes.

La taxe est de 4 fr.

Communications télégraphiques.

Saint-Pierre est relié à l'Europe et au continent américain par les câbles télégraphiques sous-marins. Deux compagnies : l'*Anglo-American company* et la *Compagnie française des câbles télégraphiques* (*via P. Q.*) ont établi, chacune, une station à Saint-Pierre.

Le tarif des dépêches est le même dans les deux compagnies; 1 franc 25, par mot.

La colonie doit à ces deux stations un avantage qui est très appréciable, c'est que, grâce à l'obligeance des directeurs des deux compagnies, elle est tenue, chaque jour, au courant des événements les plus marquants de l'extérieur. Ce bulletin quotidien des nouvelles fait oublier aux habitants l'horizon borné de leur île.

La différence entre l'heure de Paris et celle de Saint-Pierre est de 3 heures 54 minutes.

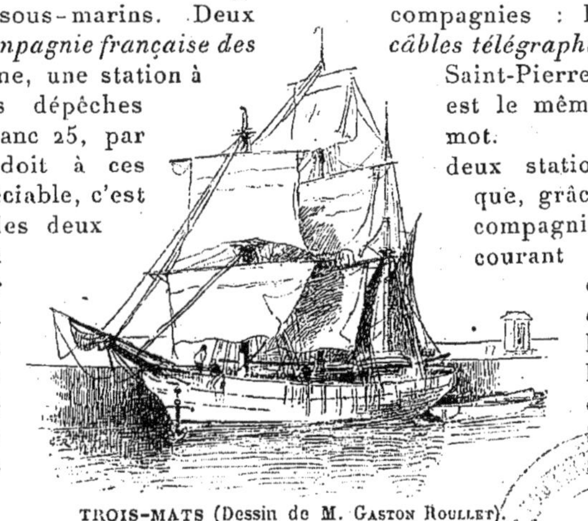

TROIS-MATS (Dessin de M. GASTON ROULLET).

E. LE MOUEL

www.ingramcontent.com/pod-product-compliance
Ingram Content Group UK Ltd.
Pitfield, Milton Keynes, MK11 3LW, UK
UKHW022142260726
13993UKWH00005B/2092